Lith. de G. Engelmann

NOTICE

BIOGRAPHIQUE

SUR M. VILLARS,

Correspondant de l'Institut et de la Société d'Agriculture, Professeur de Botanique et doyen de la Faculté de Médecine, de l'Académie de Strasbourg;

Lue à la Séance publique de la Société royale et centrale d'Agriculture, le 29 mars 1818,

Par M. le baron de LADOUCETTE,

Ancien Préfet, Correspondant de la Société, etc.

PARIS,

DE L'IMPRIMERIE DE Mme HÉRISSANT LE DOUX.

1818.

NOTICE

BIOGRAPHIQUE

SUR M. VILLARS.

MESSIEURS,

DOMINIQUE Villars naquit le 14 novembre 1745, de parens pauvres, au village du Noyer, dans le Champsaur, qui fait maintenant partie du département des Hautes-Alpes. Dès son bas-âge, en gardant les moutons de son père, rempli d'admiration pour la beauté et la diversité des plantes, il résolut d'en faire un étude sérieuse. Un livre tomba entre ses mains; c'était celui de Matthiole, médecin et botaniste du seizième siècle; Villars comparait soigneusement les plantes avec les figures enluminées et les descriptions incorrectes qu'il y trouvait. Ses découvertes ou ses doutes étaient soumis à un prêtre imbu des préjugés qui fourmillent dans cet auteur. Villars éprouvait le besoin de connaissances prélimi-

naires. Le latin était indispensable à ses progrès :
il emprunta un rudiment et un mauvais diction-
naire, à l'aide desquels il essaya d'apprendre la
langue dans laquelle écrivirent Pline et Linné. Le
vieux curé y joignait ses instructions avec une sé-
cheresse capable de rebuter l'écolier le plus docile.
Le petit berger saisissait ou devinait le sens que
retenait sa mémoire. Mais comme il était parfois
obligé de négliger le mot à mot, les coups sui-
voient chaque réprimande ; il se détermina enfin
à quitter un maître si dur, et à devenir entière-
ment son propre instituteur.

Représentez-vous cet enfant, partant dès l'aube
du jour, du toit paternel, chassant devant lui
son troupeau, et le suivant dans les lieux les
plus escarpés, chargé de gros livres latins et d'un
in-folio de botanique, livré sans cesse aux observations et au travail ; le soir, rapportant avec
joie les trésors modestes qu'il avait recueillis :
vous vous étonnerez de la ténacité énergique
avec laquelle un génie naturel marche vers son
but et surmonte tous les obstacles. C'est ainsi
qu'un demi-siècle auparavant, s'était formé lui-
même Jamerai Duval, paysan champenois, qui
devint bibliothécaire de l'empereur François Ier.

Villars annonça bien prématurément la trempe
forte de son cœur et de son esprit.

A six ans et demi, ayant voulu pallier une

sottise par un mensonge, il se jugea lui-même digne d'une correction qui seule put le soulager du remords. Depuis, il ne fit pas dans toute sa vie un mensonge volontaire.

A neuf ans, il priait sur la tombe d'un de ses parens; la crainte du matérialisme succéda tout-à-coup aux idées pieuses, et le mit dans une agitation inconcevable. Il repoussa enfin cette appréhension par la raison aidée du sentiment. Ce sujet l'absorba pendant vingt-quatre heures, et il n'attendit pas la fin de son second lustre pour être déjà un philosophe religieux.

Un arpenteur ayant mesuré devant lui avec sa planchette des distances innaccessibles, au moyen d'une base et d'un triangle, Villars conçut pour la géométrie, et surtout pour la trigonométrie, un enthousiasme qui ne se refroidit jamais. Il étudia de suite, et sans maître, Rivard, Ozanam et Lachapelle. Il ne quittait qu'avec chagrin et par obéissance ces auteurs, pour les rôles de la commune que lui faisait copier son père, greffier du châtelain. Ce brave homme étant mort, on envoya Villars en qualité de clerc chez un notaire qui étoit en même temps procureur. Il y consulta moins la collection de Denisart, qu'un cours de médecine prêté par le docteur Laugier, *et il ne vit plus rien au monde de si utile que de veiller à la conservation de l'homme.*

Pour le fixer dans le pays, sa mère, d'après le conseil du curé, le maria avant l'âge de dix-sept ans. Mais, captivé, comme il le dit, par le démon des sciences, il partit trois ans après, allant de ville en ville avec un libraire de ses amis, fréquentant partout les hommes lettrés, et ne laissant échapper aucune occasion d'observer et de s'instruire. Il rapporta au Noyer des livres qu'il mettait au-dessus de toutes les richesses.

La providence lui réservait un excellent guide. Passionné pour les plantes, Villars cultivait à Gap le jardin de Mᵐᵉ de Colvin, supérieure de l'hôpital de la charité, lorsqu'il fit connaissance de l'abbé Chaix; celui-ci devenu curé du Baux, et s'étant rendu au Noyer pour une mission de piété, y demanda notre jeune botaniste, s'attacha vivement à lui, le dirigea dans ses études, développa ses talens, et les voilà tous deux parcourant à pied les Alpes françaises.

On songeoit à faire de Villars un consul et receveur, et vous croirez facilement que ce joug eût pesé à son humeur indépendante. Heureusement la ville de Grenoble, si distinguée par l'urbanité des mœurs et par la culture des lettres, des sciences et des arts, ne pouvait ignorer qu'un coin du Dauphiné recélait ce naissant phénomène.

M. Pajot de Marcheval désira le voir et lui

accorda la plus haute estime. Cet intendant l'ad-
joignit comme naturaliste à MM. Guettard et
Faujas de Saint-Fond, qui allaient par ordre du
gouvernement visiter la province. Dans le récit
de son voyage, M. Guettard se plut à tracer le
plus brillant et le plus touchant éloge de M. Villars. Celui-ci de retour à Grenoble, et jouissant
de la protection de M. de Marcheval et de M. Caze
de la Bove, son successeur, apprit le grec, les
mathématiques , la médecine , la chirurgie et
d'autres sciences analogues. Ayant reçu à Va-
lence le bonnet de docteur, il fut nommé médecin titulaire de l'hôpital de Grenoble, et forma
des chirurgiens pour les campagnes que dépeu-
plaient des empiriques.

Ce fut pour M. Villars que l'intendant créa
le jardin et la chaire de botanique, et ce fut
par lui que prospéra ce double établissement.

Conservant au sein de la ville ses habitudes
pastorales, il allait chez les grands, avec ses che-
veux courts, son habit gris de drap grossier,
ses souliers arrondis et ferrés, tel qu'il revenait
de ses herborisations. Il conduisait sur les hautes
montagnes ceux qui suivaient son cours. Là ,
on le vit tomber involontairement à genoux devant des plantes qu'il découvrait, en s'écriant que
Linné serait bien étonné qu'elles fleurissent sur les
Alpes. Il partageait ses provisions avec ses élèves,

payait pour ceux qui manquoient d'argent, et le soir, il leur montrait que la paille d'un châlet peut remplacer un bon lit. Il les appelait ses enfans; il en était aimé, respecté, moins comme un maître que comme un père.

M. Villars publia en 1786, à ses frais, et en quatre volumes *in-8°*, ornés de deux cents figures, la Flore du Dauphiné, dont la préface contient une histoire curieuse de ses premières années et de ses excursions dans les Alpes. Le monde savant lut avidement l'ouvrage de l'un des hommes qui avaient vu le plus de plantes vivantes dans les trois états de germination, floraison et fructification. MM. de Jussieu, Geoffroy et Tessier, dans le rapport qu'ils en firent à la société royale de médecine, mêlèrent à beaucoup d'éloges des critiques sur la classification adoptée par M. Villars, et il eut la bonne foi de placer en tête de son livre ce jugement sévère. Les connaisseurs s'accordèrent à penser que la phrase descriptive de notre auteur était d'une justesse et d'un laconisme admirables, et que personne ne le surpassait dans l'observation minutieuse, mais nécessaire, des divers caractères de chaque espèce. Il tenait d'une longue pratique son habileté extrême à distinguer les espèces des variétés. Comme les Alpes offrent la réunion de plantes de toutes les latitudes, nous ne craignons pas d'exprimer

le vœu qu'un botaniste s'empare du travail de
M. Villars, travail si exact et si riche pour les
plantes considérées individuellement, sauf à leur
donner une autre classification, d'après les mé-
thodes qui sont actuellement usitées.

Le catalogue des plantes gapençaises qui a été
inséré dans la Flore du Dauphiné, et qui contient
quinze cent cinquante espèces sous quatre cent
soixante genres, est de ce respectable M. Chaix,
à qui son élève avait voué une si tendre recon-
naissance. M. Villars fit l'acquisition de ses
manuscrits, et son herbier fut acheté par M. le
baron Picot de Lapeyrouse.

S'étant rendu à Paris en 1777, M. Villars y
perfectionna ses connaissances dans la société des
Jussieu et des Duhamel, des Turgot et des Malesherbes. Il reçut de la société royale de médecine
une médaille d'or pour un mémoire sur le goître,
qui est resté inédit, et où il prouva qu'une at-
mosphère froide, humide et concentrée est la
principale cause de cet engorgement de la glande
thyroïde.

Sa réputation était déjà telle, qu'il ne passait
pas à Grenoble un homme de haut mérite, na-
tional ou étranger, sans rechercher M. Villars.
M. de Malesherbes y monta à son quatrième étage
pour lui proposer une course botanique, et ce
fut un spectacle attendrissant que de voir, côte

à côte sur les Alpes, le paysan du Noyer, qui prouvait que le talent rapproche toutes les distances, et l'ancien ministre qui venait se faire berger comme lui.

L'Institut de France et la société d'agriculture de Paris s'attachèrent M. Villars, en qualité de correspondant. Un grand nombre d'académies françaises, anglaises et allemandes lui avaient ouvert leurs portes. Une société d'émulation s'élevant à Gap, dans le département où il avait pris naissance, il y fut aggrégé, et y communiqua des rapports éminemment utiles aux progrès de l'agriculture et de la physique végétale. A la suite de quelques tracasseries, on lui avait ôté la place de médecin de l'hôpital de Grenoble. A cette nouvelle, tous les soldats quittent leur infirmerie; ils vont chez M. Villars, et malgré lui, le ramènent en triomphe à l'hôpital, où l'autorité s'empresse de le réintégrer.

Il eut cependant accepté une place dans les Hautes-Alpes, lorsque M. Fourcroy, alors directeur général de l'instruction publique, le réclama pour l'envoyer à Strasbourg comme professeur de botanique à l'académie, et doyen de la faculté de médecine. A cette époque, et après tant de travaux, sa fortune se réduisait à une bibliothèque précieuse dont il aurait été obligé d'engager une partie pour subvenir aux frais de son déplacement, si l'un de ses élèves(1) ne lui eût avancé de l'argent, qui fut remboursé avec exactitude; et néanmoins, dissimulant avec soin la gêne de sa position, il savait avec quelle confiance il pouvait, entre autres, s'adresser au préfet des Hautes - Alpes (2), à qui il avait fait presqu'en même temps cadeau de sa Flore, de l'ouvrage de M. Guettard sur le Dauphiné, et de la loupe qui lui avait servi à lui-même dans toutes ses excursions botaniques.

Rien n'égaloit le désintéressement de M. Villars, que la sensibilité de son âme et la bonté de son caractère. Sans inquiétude sur l'avenir, il répétait souvent cet adage de Linné : *Innocui vivite, numen adest.* (Vivez sans reproche, Dieu est là). Son zèle pour l'humanité était si ardent, qu'il se jeta, pour ainsi dire, comme un grenadier, dans la mélée des épidémies. Il pensa être victime d'un tel dévouement, lorsqu'en 1797 et 1798, il fut atteint de deux fièvres cérébrales, espèce de typhus, dont il ne guérit pas complétement. Dans ses maladies, il suspendit à peine le cours de ses études. Il avait une érudition im-

(1) M. Rome, docteur-médecin du dépôt de mendicité de l'Isère.

(2) L'auteur de cette notice.

mense ; de là le défaut de vouloir parler et écrire
sur toutes sortes de sujets. Dans sa candeur native,
qui ressemblait parfois à de la rudesse, son but
unique était de se rendre utile; mais ce penchant,
dégénérant en manie, refroidit beaucoup de ses
admirateurs et lui suscita des ennemis. On lui
disait ingénieusement : Vous seriez beaucoup plus
savant, si vous n'aviez pas tant lu.

Outre l'histoire des plantes du Dauphiné,
M. Villars avait mis au jour les principes de
médecine et de chirurgie, à l'usage des étudians,
des mémoires sur les épizooties, et des observations sur des fièvres qui avaient régné, dans di-
verses années, soit à Grenoble, soit dans le
Champsaur et le Valgodemard. Il adressa à l'institut les observations minéralogiques et d'archæo-
logie, qu'il avait faites dans un voyage aux Alpes
et à Turin. Il s'était proposé de donner la topo-
graphie de l'Alsace, des Vosges, d'une portion
de l'Italie, et des rives du Rhin, depuis sa source
jusqu'à Maïence; mais la fatigue des voyages pé-
destres qu'il entreprit dans ce dessein, nous a
privés d'un travail aussi intéressant. Il publia à
Strasbourg le catalogue méthodique des plantes
du jardin de l'école de médecine, la nomenclature
de celles de la vallée de Villé, et un mémoire sur
la construction et l'usage du microscope; il avoit
une aptitude particulière pour les observations à

faire avec cet instrument. Il envoya à la société d'émulation des Hautes-Alpes un essai curieux sur l'agriculture comparée du Dauphiné et de l'Alsace ; on lui doit des traités sur les arbres qui conviennent le mieux au Dauphiné ; sur les substances végétales qui croissent dans cette province, et qui peuvent servir à la nourriture de l'homme en temps de disette ; sur les pommes de terre, leur culture et leurs avantages.

Le tome 5 des Mémoires de notre société contient un écrit de M. Villars sur l'importance de l'agriculture et sur les moyens de la porter à un plus grand degré de prospérité. Pendant toute sa vie, il s'occupa de l'amélioration de l'économie rurale. On a vu qu'il soignait peu celle de sa fortune. Mais il eut un protecteur zélé dans le directeur général d'une administration financière, qui rendit de grands services à une foule d'hommes recommandables. Grâces à M. le comte Français de Nantes, les gendres de M. Villars remplissaient près de lui des postes supérieurs. Leurs appointemens et ceux qu'il avait à Strasbourg procuraient à cette famille une aisance à laquelle son chef n'avait jamais songé. Il jouissait des succès que son fils, chirurgien militaire, obtenait aux armées et dans les hôpitaux. Ainsi, les derniers momens de M. Villars furent heureux. Il cessa de vivre le 27 juin 1814, âgé de soixante-huit ans.

A la rentrée de l'école de médecine, **M. Fo-**déré, professeur à l'académie de Strasbourg, fut l'éloquent interprète des regrets publics, dans un discours où nous avons puisé quelques détails; nous avons recueilli des faits de la bouche de M. Villars, de celle de ses contemporains et d'une notice biographique rédigée par lui; ses enfans ont bien voulu nous confier ce manuscrit; ils assistent à cette séance, et nous recueillons avec sensibilité leurs larmes.

M. Villars avait vu le jour dans un départe-ment où la simplicité des mœurs est héréditaire, et où l'on naît avec un esprit vif qui n'a besoin que de culture pour atteindre à toutes les con-noissances. Mais celui qui, par la force de son génie, et toujours à sa place, sans bassesse comme sans orgueil, s'est élevé de l'état de berger au rang de médecin habile, de professeur renommé, de botaniste célèbre, d'ami des savans et des plus grands personnages, celui-là était sans doute un homme extraordinaire.

F I N.

www.ingramcontent.com/pod-product-compliance
Lightning Source LLC
LaVergne TN
LVHW010109060726
842524LV00006B/2417